CW01335326

Patrícia Ritter Volkmann

Francês

artes e Ofícios

Patrícia Ritter Volkmann

Francês

Conversação para viagem

Edição do texto em francês: Fabienne Goé e Rosemarie Volkmann
Revisão francês: Astrid Beatriz Volkmann
Projeto gráfico e editoração: Andrea Paiva Nunes
Ilustrações: Algumas das imagens aqui utilizadas foram obtidas através do IMSI's MasterClips Collection 1895 Francisco Blvd. East, San Rafael, CA 94901-5506, USA.
Agradecimentos: Miriam Ferrari

Artes e Ofícios Editora LTDA.
Rua Almirante Barroso, 215 – Bairro Floresta
90220-021 / Porto Alegre / RS
☎ (51) 3311.0832
www. arteseoficios.com.br

IMPRESSO NO BRASIL
PRINTED IN BRAZIL
ISBN 85-7421-106-0

V892f

Volkmann, Patrícia Ritter, 1962-
Francês: conversação para viagem / Patricia Ritter Volkmann.
Porto Alegre, RS : Artes e Ofícios, 2006

il. - (Conversação para viagem ; v.3)
ISBN 85-7421-106-0

1. Língua francesa - Compêndios para estrangeiros. 2. Língua francesa - Conversação e frases - Português. I. Título. II. Série.
06-0191. CDD 448.2469
CDU 811.133.1'243

CIP-BRASIL. CATALOGAÇÃO-NA-FONTE SINDICATO
NACIONAL DOS EDITORES DE LIVROS, RJ.

SUMÁRIO

APRESENTAÇÃO

Na França, mais do que em qualquer outro lugar no mundo, as pessoas apreciam que você se dirija a elas no idioma local. Só a tentativa já produz uma retribuição muito gratificante, em forma de amabilidade.

O charme da língua francesa é indiscutível. No entanto, e apesar das semelhanças com o português em virtude da origem latina de ambos, nem sempre é possível fazer-se entender. Comunicar-se em francês não se reduz a acentuar a última sílaba das palavras, como muitos pensam. Em realidade, é preciso ter pelo menos noções da pronuncia, como procuramos resumir no capítulo "Dicas de Pronúncia".

Pela mesma razão, todas as frases e palavras soltas foram traduzidas para o que seria o equivalente mais usado em português (portanto, não literal).

Unimos nossa experiência com guias que editamos anteriormente ao toque especializado e nativo de Fabienne Goé, Mestre em Francês pela Universidade de Liège. O resultado são os lembretes tanto de costumes nos diversos países francófonos, como de erros comumente cometidos pelos turistas brasileiros.

Nossa intenção foi elaborar um guia fácil, acessível, prático e que não fosse "um peso" na sua bagagem. Por isso o formato de bolso, contendo o essencial para enfrentar as situações mais frequentes nos roteiros de viagem e permitir a rápida consulta. Não nos privamos porém, de ampliar o vocabulário ao final de cada capítulo, para permitir ao leitor maior desembaraço na conversação. Do mesmo modo, você encontrará o indispensável de gramática no final do volume.

Embarque tranquilo, porque
"estaremos com você o tempo todo!"

Bon voyage!

DICAS DE PRONÚNCIA

Prononciation

Neste capítulo não utilizamos os símbolos fonéticos da Associação Fonética Internacional, pois acreditamos ser mais fácil a assimilação da pronúncia das palavras lendo-as tal como seriam escritas em português.

FRANCÊS	PRONÚNCIA	EXEMPLOS
eau / eaux	**ô**	eau , chateau
oi	**uá**	oiseau, poisson
gn	**nh**	cologne, montagne
u	**ü** (quase um "i")	flûte, déjà vu
in / en	**ã**	lingerie, prince, prendre, rendez-vous, enfant
ou	**u**	jour, bonjour
é / ée	**ê**	café, mariée
è	**é**	règime, très bien

- Em geral não se pronuncia o **"S"** no final das palavras.
  Ex: à mon avi**s**, me**s** ami**s**, il**s**, elle**s**.
- **"ER"** no final das palavras (em geral infinitivo de verbos) deve ser pronunciado como um **"E"** (fechado) – exatamente como o **"É"** ou **"ËE"** correspondente à terminação masculina e feminina das palavras respectivamente.
  Ex: premier, doner.
- O **"T"** no final das palavras, assim como o **"ENT"**- terminação da 3ª pessoa do plural de certos verbos, não se pronuncia, mantendo o som da última consoante
  Ex: ils commencent (**il comans**), ils parlent (**il parle**), elles travaillent (**elle traváie**),avant (**avã**), cent (**çã**).

Pronuncie certo:

Avenue des Champs Elysées

| Avni de Chansêlisê

Place de la Concorde

| Plás de la Concórd

La Bastille

| La Bastíe

L'Arc du Trioumphe

| Larc di Triônfe

Café de la Paix

| Cafê de la Pê

Les Invalides

| Les Ãnvalíde

Quartier Latin

| Cartiê Latã

Place de L'Étoile

| Plás de Lêtuále

café au lait

| cafê olê (café com leite)

oui | uí (sim)

non | nõ (não)

s'il vous plaît

| sil vú plê (por favor)

merci (beaucoup)

| mercí (bocú) (muito obrigado)

je vous en prie

| gê vu zã pri (não tem de quê)

excusez-moi

| escuzê muá (desculpe)

où ? | ú? (onde?)

où se trouve...?

| ú se truv ...? (onde fica ...?)

quel est le prix?

| quél é le pri? (qual é o preço?)

combien ça coûte?

| combiã sá cúte? (cuanto custa?)

quand? | cã? (quando?)

comment s'appele ça?

| comã sapéle sá? (como se chama?)

parlez-vous portugais?

| parlê vú portigué? (você fala português?)

je voudrais...
| gê vudré... (eu gostaria..)
zéro | zêrô (zero)
un | ã (um)
deux | dê (dois)
trois | truá (três)
quatre | cátr (quatro)
cinq | çãnc (cinco)
six | sis (seis)
sept | sét (sete)
huit | uít (oito)
neuf | nêf (nove)
dix | dis (dez)
vingt | vãnt (vinte)
soixante
| suaçante (sessenta)
neuf cents
| nêf-çãnt (novecentos)
cent | çã (cem)
je ne comprends pas
| gê nê comprã pá (não entendo)
l'argent | larjã (o dinheiro)
nous avons
| nu zavõ (nós temos)
maintenant
| métnã (agora)
peut-être
| petétrre (talvez)

EXPRESSÕES ÚTEIS

Expressions Utiles

Pardon.

Desculpe / Com licença.

Parlez-vous français?

Você fala francês?

Oui, un peu.

Sim, um pouco.

Je regrette. Je ne comprends pas.

Sinto muito. Não compreendo.

Parlez plus lentement, s'il vous plaît.

Fale mais devagar, por favor.

Je ne sais pas.

Eu não sei.

Comment est-ce que ça s'épelle?

Como se soletra?

Comment est-ce qu'on dit ... en français?

Como se diz ... em francês?

Pourriez-vous répéter, s'il vous plaît?

Poderia repetir, por favor?

Je regrette!

Sinto muito!

Ce n'est rien.

Não foi nada.

Merci beaucoup.

Obrigada.

S'il vous plaît.

Com licença.

Em francês existem 3 maneiras
de se fazer uma pergunta:

1. Usando uma entonação interrogativa:

"Vous parlez français?"
"Você fala francês?"
(linguagem familiar)

2. Introduzindo a fórmula interrogativa "est-ce que":

"Est-ce que vous parlez français?"
(linguagem corrente)

3. Invertendo a ordem do sujeito e do verbo na frase:

"Parlez-vous français?"
(linguagem formal)

O ALFABETO

L'alphabet Français

Prononciation *	
a	a
b	bê
c	cê
d	dê
e	ê
f	éf
g	gê
h	atch
i	i
J	ji
k	ka
l	él
m	émm
n	énn
o	ô
p	pê
q	ku
r	érr
s	éss
t	tê
u	ü
v	vê
w	dubl vê
x	ics
y	i-gréc
z	zéd

* Não utilizamos os símbolos fonéticos da Associação Fonética Internacional. Ao lado de cada letra, colocamos o seu som como seria lido em português.

NÚMEROS
Nombres

0 *zéro*

1 *un*

2 *deux*

3 *trois*

4 *quatre*

5 *cinq*

6 *six*

7 *sept*

8 *huit*

9 *neuf*

10 *dix*

11 *onze*

12 *douze*

13 *treize*

14 *quatorze*

15 *quinze*

16 *seize*

17 *dix-sept*

18 *dix-huit*

19 *dix-neuf*

20 *vingt*

21 *vingt et un*

22 *vingt-deux*

...

30 trente

40 quarante

50 cinquante

60 soixante

70 soixante-dix*

Na Bélgica: * *septante*

71 soixante-onze

72 soixante-douze

73 soixante-treize

74 soixante-quatorze

75 soixante-quinze

76 soixante-seize

77 soixante-dix-sept

78 soixante-dix-huit

79 soixante-dix-neuf

80 quatre-vingts

81 quatre-vingt-un

82 quatre-vingt-deux

83 quatre-vingt-trois

84 quatre-vingt-quatre

85 quatre-vingt-cinq

86 quatre-vingt-six

87 quatre-vingt-sept

88 quatre-vingt-huit

89 quatre-vingt-neuf

90 quatre-vingt-dix**

Na Bélgica: ** *nonante*

91 quatre-vingt-onze

92 *quatre-vingt-douze*

93 *quatre-vingt-treize*

94 *quatre-vingt-quatorze*

95 *quatre-vingt-quinze*

96 *quatre-vingt-seize*

97 *quatre-vingt-dixsept*

98 *quatre-vingt-dixhuit*

99 *quatre-vingt-dixneuf*

100 cent

101 cent un

1.000 mille

1.000.000 un millon

1.000.000.000 un milliard

1.000.000.000.000 un billon

NÚMEROS ORDINAIS
Nombres ordinaux

1º	*premier*
2º	*deuxième*
3º	*troisième*
4º	*quatrième*
5º	*cinquième*
6º	*sixième*
7º	*septième*
8º	*huitième*
9º	*neuvième*
10º	dixième
11º	*onzième*
12º	*douzième*
13º	*treizième*
14º	*quatorzième*
...	
20º	*vingtième*
21º	*vingt et unième*
...	
30º	*trentième*
40º	*quarantième*
50º	*cinquantième*
60º	*soixantième*
70º	soixante-dixième
...	

avant-dernier | penúltimo

dernier | último

DIAS DA SEMANA

Les jours de la semaine

2ª feira
Lundi

3ª feira
Mardi

4ª feira
Mercredi

5ª feira
Jeudi

6ª feira
Vendredi

sábado
Samedi

domingo
Dimanche

Après	depois
Après-demain	depois de amanhã
Aujourd'hui	hoje
Avant-hier	anteontem
Ce matin	esta manhã
Cette nuit	esta noite
Demain	amanhã

Demain matin	amanhã de manhã
Hier	ontem
Prochaine semaine	próxima semana
Semaine dernière	semana passada
Tard	tarde
Tôt	cedo
Tout de suite	logo
Tous les jours	todos os dias

MESES DO ANO

Les mois de l'année

01	02	03	04
Janvier	Février	Mars	Avril

05	06	07	08
Mai	Juin	Juillet	Août

09	10	11	12
Septembre	Octobre	Novembre	Décembre

FALANDO DE SI MESMO
Pour parler de soi même

CUMPRIMENTOS / SAUDAÇÕES
Salutations

Salut. Comment ça va? | Olá. Como vai?

Bonjour! | Bom-dia!

Até 19 horas

Bonsoir! | Boa-noite!

A partir das 19 horas

Bonne nuit! | Boa-noite!

Antes de dormir

APRESENTAÇÕES
Présentations

Je m'appelle Paul Dupont. | Eu me chamo Paul Dupont.

Je suis... | Eu sou...

Bonjour! Je suis Anne Moulin.
| Bom dia! Eu sou Anne Moulin.

Enchanté! Je m'appelle Jacques Duchamps.
| Muito prazer! Eu me chamo Jacques Duchamps.

PEDINDO PARA REPETIR
Pour demander que l'on répète

Pardon? | Perdão?
Comment? | Como?
Pouvez-vous répéter? | Poderia repetir?

PEDINDO PARA SOLETRAR
Pour demander que quelqu'un épele

Pourriez-vous épeler votre
Poderia soletrar seu

| **nom, s'il vous plaît?**
| sobrenome, por favor?
| **prénom, s'il vous plaît?**
| nome, por favor?

Pourriez-vous épeler votre nom, s'il vous plaît?

L • É • V • Y •

Para soletrar, veja alfabeto na página 17.

PERGUNTANDO A PROFISSÃO

Pour demander la profession

Quelle est votre profession?

Qual é a sua profissão?

ou

Que faites-vous?

O que você faz?

Je suis vendeur / vendeuse.

Eu sou vendedor / vendedora.

Où travaillez-vous?

Onde você trabalha?

ou

Dans quelle entreprise travaillez-vous?

Em que empresa você trabalha?

Je travaille dans une librairie.

Eu trabalho numa livraria.

*Geralmente o **"tu"** é utilizado em relação a crianças ou a pessoas com as quais se tem alguma intimidade e o **"vous"** para dirigir-se a pessoas mais velhas, superiores hierárquicos ou pessoas desconhecidas.*

PERGUNTAS PESSOAIS
Questions personnelles

Endereços Adresses

Quelle est votre adresse?
Qual é o seu endereço?

J'habite 54, rue de la Bourse.
Eu moro na rue de la Bourse 54.

Telefone Teléphone

Quel est votre número de téléphone?
Qual é o seu número de telefone?

Quel est le numéro de votre portable?
Qual é o número do seu telefone celular?

C'est le 503-29-32.
É 530-29-32.

ou

Je n'ai pas de téléphone.
Eu não tenho telefone.

Endereço eletrônico E-mail

Quel est votre courrier electronique?
Qual é o seu endereço eletrônico?

C'est francesparaviagem@coldmail.com

Quelle est votre nationalité?
Qual é a sua nacionalidade?

Je suis brésilien / brésilienne. Et vous?
Eu sou brasileiro / brasileira. E você?

Je suis français / française.
Eu sou francês / francesa.

Prénom: Diego **Nom:** Ferreira
Date de naissance: 19/12/1954
Sexe: F (féminin) X M(masculin)
Adresse: Av. Epitácio Pessoa, 135
Ville: Porto Alegre **Province:** RS
Nacionalité: Brésilien

PAÍSES E NACIONALIDADES

Pays et nationalités

Alguns Países	Algumas Nacionalidades
Quelques Pays	Quelques Nationalités
Allemagne	Allemand (e)
Argentine	Argentin (e)
Australie	Australien (e)
Angleterre (Inglaterra)	Anglais (e)
Autriche	Autrichien (ne)
Belgique	Belge
Bolivie	Bolivian (enne)
Brésil	Brésilien (ne)
Canada	Canadien (ne)
Chili	Chilien (ne)
Danemark	Danois (e)
Écosse	Écossais (e)
France	Français (e)
Grèce	Grec (que)
Hollande	Hollandais (e)
Inde (Índia)	Indien (ne)
Italie	Italien (ne)
Israel	Israélien (ne)
Japon	Japonais (e)
Méxique	Méxicain (ne)
Maroc	Marrocain (ne)
Portugal	Portugais (e)
Suède (Suécia)	Suédois (e)
Suisse	Suisse
Uruguay	Uruguayen (ne)

ALGUMAS PROFISSÕES

Quelques professions

avocat	advogado
architecte	arquiteto
coiffeur / coiffeuse	cabelereiro(a)
dentiste	dentista
économiste	economista
femme au foyer / maîtresse de maison	dona de casa
ingénieur	engenheiro
journaliste	jornalista
médecin	médico
pensionné / retraité	aposentado
bonne	empregada doméstica
entrepreneur	empresário

A FAMÍLIA

La famille

beau-fils / gendre	genro
belle-fille	nora
beau-frère / belle-soeur	cunhado / cunhada
beau-père / belle-mère	sogro / sogra
fils / fille	filho / filha
frère / soeur	irmão / irmã
grand-père / grand-mère	avô / avó
mère	mãe
oncle / tante	tio / tia
père	pai

ENCONTRANDO UM AMIGO

Rencontre d'un ami

Bonjour! Ça va?

Bom dia! Tudo bem?

Ça va! Et toi?

Tudo bem! E você?

Très bien! Je me suis marié et je vis à Marseille. Je ne suis ici que de passage.

Muito bem! Eu me casei e estou morando em Marselha. Estou aqui só de passagem.

Quel hasard! Où loges-toi?

Que coincidência! Onde você está hospedado?

Je loge à l'Hôtel de Paris. Tu veux qu'on dîne ensemble ce soir?

Estou no Hotel de Paris. Vamos jantar juntos esta noite?

Bonne idée! Je passe te prendre à l'hôtel à huit heures; comme ça nous aurons le temps de bavarder.

Boa idéia! Eu passo para te buscar no hotel às 8 horas; assim teremos tempo para conversar.

Très bien! Je t' attendrai à la réception, d'accord?

Ótimo! Te espero na recepção, ok?

D'accord! A tout à l'heure!

Ok! Até já!

Au revoir!

Até a vista!

AS HORAS | Les heures

PERGUNTANDO AS HORAS
Pour demander l'heure

Quelle heure est-il?

Que horas são?

Il est dix heures et demie.

São 10:30 (dez e meia)

Dix heures

Dix heures cinq

Dix heures et quart

Dix heures et demie

Dix heures moins le quart

Dix heures moins dix

Midi ou **Minuit**

Douze heures **Douze heures du soir**

HORÁRIOS DE ABERTURA E FECHAMENTO

Horaires d'ouverture et de fermeture

A quelle heure ouvre le restaurant?

A que horas abre o restaurante?

Quand est-ce que le restaurant ouvre?

Quando é que o restaurante abre?

A neuf heures du matin. | As nove horas da manhã.

❖

A quelle heure ferme le restaurant?

A que horas fecha o restaurante?

Quand est que le restaurant ferme?

Quando é que o restaurante fecha?

A onze heures du soir. | As onze horas da noite.

HORÁRIO DOS ESPETÁCULOS
Horaire des spectacles

A quelle heure commence le concert?
A que horas começa o concerto?
A dix heures du soir. | As dez horas da noite.

A quelle heure se termine le concert?
A que horas termina o concerto?
A minuit moins vingt. | Vinte para meia-noite.

HORÁRIOS DE PARTIDA E DE CHEGADA.
Horaires de départ et d'arrivée

A quelle heure part le prochain vol pour Genève?
A que horas sai o próximo vôo para Genebra?
Le prochain vol part à sept heures du matin.
O próximo vôo sai as sete horas da manhã.

Quand est-ce que l'avion arrive a Genève?
Quando é que o avião chega à Genebra?
A quatre heures et demie de l'après-midi.
Às quatro e meia da tarde.

PASSANDO PELA ALFÂNDEGA
Contrôle de passeports

Questions que le douanier peut vous poser:
Perguntas que o inspetor da imigração pode fazer:

Pouvez-vous me montrer votre passeport?
Poderia me mostrar seu passaporte?

Oui, bien sûr. | Sim, claro.

❖

Vous voyagez seul?
O Sr.(a) viaja sózinho(a)?

Oui. | Sim.

ou

Non, je suis avec...
Não, estou com...

...ma soeur / mon frère
...minha irmã / meu irmão
...mon mari / ma femme
...meu marido / minha mulher
...mon fils / ma fille
...meu filho / minha filha
...mon copain / ma copine
...meu amigo / minha amiga

Vous avez quelque chose à déclarer?

Tem alguma coisa a declarar?

Non. | Não.

❖

C'est la prèmiere fois que

É a primeira que

vous venez ici? | você vem aqui?

vous visitez la France? | que visita a França?

Oui. | Sim.

ou

Non. Je suis déjà venu ici

Não, já estive aqui

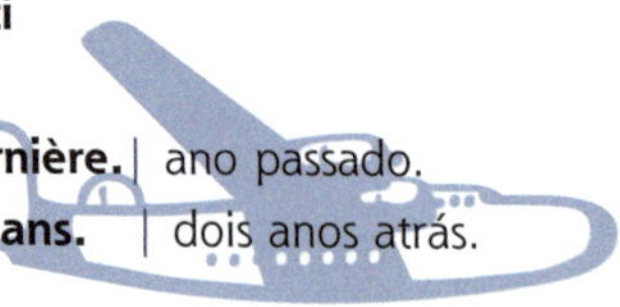

l'année dernière. | ano passado.

il y a deux ans. | dois anos atrás.

❖

Quelle est l'objectif de votre voyage?

Qual é o motivo da sua viagem?

Je suis ici

Estou aqui

pour des affaires. | a negócios.

en vacances. | de férias.

pour suivre en cours. | para fazer um curso.

Combien de temps allez-vous rester?

Quanto tempo vai ficar?

Environ **deux mois.** / **une semaine.**

Cerca de dois meses. / uma semana.

Plus ou moins trois mois.

Mais ou menos três meses.

❖

Quelle est la date de votre retour?

Qual a data do seu retorno?

J'ai un billet "ouvert".

Tenho um bilhete "em aberto".

ou

Le sept novembre.

Dia sete de novembro.

❖

Quelle sera votre adresse?

Qual será seu endereço?

ou

Où allez-vous loger?

Onde vai se hospedar?

A l'hôtel ...

No hotel ...

ou

Chez des amis.

Em casa de amigos.

SINAIS
Signaux

Premiers soins

Primeiros socorros

Toilletes / WC

Sanitários / banheiro

Information Turistique

Informações Turísticas

Café

Cafeteria

Bureau de change

Casa de câmbio

Kiosque à journaux

Banca de jornais

Bureau de objets trouvés

Achados e perdidos

Téléphone publique

Telefone público

Bagages

Bagagem

Sortie

Saída

L'ascenseur

Elevador

Sortie d'incendie

Saída de incêndio

Ne fumez pas

Não fume

EXPRESSÕES ÚTEIS
Expressions utiles

Je devrais faire escale?
Tenho que fazer escala?
C'est un vol direct?
É um vôo direto?
Je voudrais un billet pour Nice, s'il vous plaît.
Quero uma passagem para Nice, por favor.
Combien coûte le billet pour Strassbourg?
Quanto custa a passagem para Strasburgo?
Combien de temps dure le voyage?
Quanto tempo dura a viagem?

VOCABULÁRIO
Vocabulaire

arrivée | chegada
attacher la ceinture de sécurité
| apertar o cinto de segurança
bagage à main | bagagem de mão
billet | pasagem
ceinture de sécurité | cinto de segurança

chariot pour les bagages	carrinho para bagagem
comptoir de la compagnie	balcão da empresa (aérea)
consigne	guarda-volumes
départ	saída
étiquette pour les bagages	etiqueta para bagagem
fumeur	fumante
hôtesse de l'air	aeromoça
porte d'embarquement	portão de embarque
seulement aller	sòmente ida
seulement retour	sòmente volta
siège près de la fenêtre	assento à janela
siège près du couloir	assento no corredor
steward	comissário de bordo
valise(s)	mala(s)
vol de liaison	vôo de conexão
vol direct (sans escales)	vôo sem escalas
voyage aller et retour	viagem de ida e volta

NO HOTEL | A l'hôtel

ONDE SE HOSPEDAR

Où se loger

Hôtel	**à la plage**	na praia
	à la campagne	no campo
	à la montagne	nas montanhas

Auberge | pousada

Auberge de Jeunesse | albergue da juventude

Pension | pensão

CHECK IN

Bonjour! Puis-je vous aider?

Bom dia! Posso ajudá-lo?

Oui! Nous avons réservé une chambre double pour trois nuits...

Sim! Nós reservamos um quarto de casal para 3 noites...

Comment vous appelez-vous?

Como o senhor se chama?

Daniel Bertin.

Daniel Bertin.

Très bien, Monsieur Bertin! Pourriez-vous remplir cette fiche?

Muito bem, Sr. Bertrin. Poderia preencher esta ficha?

Bien sûr.

Certamente.

SEM RESERVA

Sans reservation

Bonjour, Monsieur!

Boa tarde, cavalheiro!

Bonjour! Je voudrais une chambre simple, s'il vous plaît.

Boa tarde! Eu queria um quarto simples, por favor.

Vous avez réservé?

O Sr. tem reserva?

Non.

Não.

Je regrette! L'hôtel est complet. Nous n'avons aucune chambre libre.

Lamento! O hotel está lotado. Nós não temos nenhum quarto desocupado.

Pourriez-vous m'indiquer un autre hôtel?

Poderia me indicar outro hotel?

TIPOS DE APARTAMENTOS
Type de chambres

avec balcon | com varanda / sacada
avec duche | com chuveiro
avec salle de bains | com banheiro
avec vue | com vista
chambre double | apartamento para casal
chambre équipées pour des handicapés | quarto para portadores de deficiência
chambre simple / single | apartamento de solteiro
suite | suite
une chambre pour 2 (deux) personnes | apartamento para duas pessoas
une chambre pour 3 (trois) personnes | apartamento para três pessoas

O QUARTO DISPÕE DE...
L'équipement des chambres

accès internet | acesso a *internet*
baignoire | banheira
climatisation / air conditionné | ar condicionado
coffre-fort | cofre
fer à repasser | ferro de passar
radio-réveil | rádio com alarme

réfrigerateur	geladeira
téléphone direct	telefone com discagem direta
télévision avec télécommande	televisão com controle remoto
tv câblée	televisão a cabo
ventilateur	ventilador

o quarto   la chambre *

coussin	almofada
la brosse à dents	escova de dentes
la compresse	absorvente femininos
la couvre- lit	colcha
la lame de rasoir	lâmina de barbear
la lime	lixa
la salle de bains	o banheiro

**Muitos substantivos em francês possuem gênero diferente em português, por isso, nas listas de vocabulário, acrescentamos os artigos: la (a), le (o) e les (os/as) para facilitar o uso correto das palavras.*

la savonnette	sabonete
la serviette	toalha
la taie d'oreiller	fronha
le berceau	berço
le bonnet de bain	touca para banho
les ciseaux	tesoura
la couverture de lit	cobertor
le dentifrice	pasta de dentes
le déodorant	desodorante
les draps de lit	lençóis
l' éponge	esponja
le fil dental	fio dental
le lit	cama
le matelas	colchão
le miroir	espelho
le papier hygiénique	papel higiênico
le peigne	pente
le portemanteau / cintre	cabide
les rideaux	cortinas
le sèche cheveux	secador de cabelos
l'évier	pia
le WC	privada
lit double	cama de casal
l'oreiller	travesseiro
préservatifs	"camisinhas"

O HOTEL DISPÕE
L'hôtel offre...

barbier / coiffeur | barbeiro / cabeleireiro
blanchisserie | lavanderia
demi- pension | meia pensão
garde d'enfants | serviço de babá
locacion de voitures | aluguel de carros
massage | massagem
pension complète | pensão completa
piscine | piscina
photocopie | fotocópias
repasser | passar roupas
salon de coiffure | salão de beleza
service de chambre | serviço de quarto
service de réveil | serviço de chamada para despertar
stationnement / *parking* | estacionamento

EXEMPLOS DE DIÁLOGOS

Exemple de dialogues

RECEPÇÃO – *CHECK IN*

Réception – entrée

– réceptionniste	recepcionista
– hôte	hóspede

Bonjour, madame.

Boa-tarde, senhora.

Bonjour, je voudrais une chambre, mais je n'ai pas fait de réservation.

Boa-tarde, eu gostaria de um quarto, mas não tenho reserva.

Pas de problème. Quelle type de chambre voulez-vous?

Não tem problema. Que tipo de quarto gostaria?

Une chambre double, s'il vous plaît.

Um quarto para casal, por favor.

Combien de temps resterez-vous?

Por quanto tempo planeja ficar?

Trois nuits.

Três noites.

Ça va. Pourriez-vous remplir cette fiche?

Ok. Poderia preencher esta ficha?

Oui, bien sûr.

Sim, certamente.

MENSAGEIRO – MOSTRANDO O QUARTO

Le chasseur en montrant la chambre

– **réceptionniste**	recepcionista
– **messager**	mensageiro
– **hôte**	hóspede

Le messager va vous montrer votre chambre.

O mensageiro irá mostrar o seu quarto.

Merci.

Obrigado.

Par ici, monsieur (madame) ... voilà votre chambre.

Por aqui, senhor... Este é o seu quarto.

Si vous avez besoin de quelque chose, appelez la réception. Voilà votre clé.

Precisando de alguma ajuda é só ligar para a recepção. Aqui está a sua chave.

Merci. Ça c'est pour vous *

Obrigado. Isto é para você.

Merci, monsieur. Au revoir

Obrigado. Até logo.

*pourboire = gorjeta

RESERVA PELO TELEFONE

Réservation au téléphone

– **téléphoniste**	telefonista
– **hôte**	hóspede

Sunset hotel. Bonjour!

Hotel Sunset, Bom-dia!

Bonjour. Je voudrais une chambre simple. Quel est le prix par nuit?

Bom-dia. Gostaria de um quarto *single* Quanto é a diária?

Quatre vingt (80) Euros.

Oitenta euros.

Et le petit déjeneur est-il y compris?

O café da manhã está incluído?

Oui.

Sim.

Très bien. Je voudrais réserver une chambre pour le dix-huit septembre.

Certo. Eu gostaria de fazer uma reserva para o dia 18 de setembro.

Combien de temps........, monsieur?

Por quanto tempo, senhor?

Trois nuits.

Três noites.

Ça va bien. Pourriez-vous me dire votre nom, s'il vous plaît?

Ok, senhor. Poderia me dizer seu nome?

Bien sûr, c'est André Postal.

Claro, é André Postal.

Vous allez payer comment?

Como gostaria de pagar?

Je vais payer avec une carte crédit. Mistervisa.

Vou pagar com cartão de crédito. Mistervisa.

Bien sûr. Quel est le numéro, s'il vous plaît?

Perfeito. Qual é o número do seu cartão, por favor?

C'est le 75790000.

É 75790000.

Pourriez-vous me dire votre adresse et votre numéro de téléphone?

Poderia me dizer seu endereço e telefone?

Mon adresse c'est... . Mon numéro de téléphone c'est le... .

Meu endereço é... . Meu telefone é... .

Ça va. Votre réservation est faite, Monsieur André Postal.

Ok. Sua reserva está feita, Sr. André Postal.

Merci beaucoup.

Muito obrigado.

RECLAMAÇÕES
Réclamations

bruyante barulhento	**ne fonctionne pas** não funciona	**faux / fausse** errado / errada
petit / petite pequeno / pequena	**en retard** atrasado	**lent** lento
difficile difícil	**dur / dure** duro / dura	**vide** vazio
grillé / grillée queimado / queimada	**sale** sujo	**bouché / bouchée** lentupido / entupida

J'ai un problème.

Estou com um problema.

Quel est votre problème?

Qual é o problema?

ou

Qu'est-ce qui se passe?

O que houve?

L'ampoule est grillée.

A lâmpada queimou.

❖

La télévision ne fonctionne pas.

A televisão não funciona.

Mon lit n'a pas été fait.

Minha cama não foi arrumada.

❖

Ma chambre est (trop) bruyante.

Meu quarto é (muito) barulhento.

❖

La prise de courant ne marche pas.

A tomada não está funcionando.

❖

Le chauffage ne marche pas.

O aquecimento não está funcionando.

❖

L'air conditionné ne marche pas.

O ar-condicionado não funciona.

❖

La fenêtre ferme mal.

A janela não está fechando direito.

❖

La fenêtre ne s'ouvre pas.

A janela não está abrindo.

❖

Il n'y a pas d'eau. (chaude)

Não tem água. (quente)

❖

Le toilette n'est pas propre.

O banheiro não está limpo.

Il manque un oreiller.

Falta um travesseiro.

Je voudrais parlez avec le gérant.

Quero falar com o gerente.

Bon. Je vais chercher le responsable pour qu'il arrange ça. Ne vous en faites pas.

Bom. Vou procurar o responsável para que conserte isto. Não se preocupe.

Je vais vous changer de chambre.

Vou trocá-lo de quarto.

FICHE	
Nom et prenom: Daniel Bertin	
Profession: Médicin	**Nationalite:** Brésilien
Date de naissance: 19.05.59	**Sexe:** F(feminan) X M(masculin)
Adresse: Rua Domingos Ferreira, 974	**Cité:** Porto Alegre
Numero de telephone: 267.9659	
Date e signature: MParis, le 12 Aout 1998. Daniel Bertin	

EXPRESSÕES ÚTEIS

Expressions Utiles

Pourriez-vous me réveiller à sept heures (du matin)?

Poderia me acordar as sete horas (da manhã)?

Pourriez-vous m'apporter des glaçons?

Poderia me trazer gelo?

Pourriez-vous apporter le petit déjeuner dans la chambre à huit heures moins le quart?

Poderia trazer o café da manhã no quarto as quinze para as oito?

Je voudrais repasser une jupe / un pantalon.

Gostaria de mandar passar uma saia / uma calça comprida.

ACHADOS E PERDIDOS

Bureau d'objets trouvés

Expressões

Expressions

J'ai perdu...

Eu perdi ...

mon appareil-photo	minha câmera
ma bague	meu anel
mes bijoux	minhas jóias
mon boucle d'oreille	me brinco
mon bracelet	minha pulseira
ma clé	minha chave
mon collier	meu colar
mes lunettes	meus óculos
ma montre-bracelet	meu relógio de pulso
mes papiers	meus documentos
mon parapluie	meu guarda-chuva
mon portable	meu celular
mon portefeuille	minha carteira
mon sac	minha bolsa
mes verres de contact	minhas lentes de contato

Où est-ce que vous l'/ les avez laissé(es) ?

Onde você o(a) deixou?

Je crois que je les ai laissé(es) au (à la) ...

Acho que o (a) / os (as) deixei no ...

l'ascenseur	elevador
chambre	quarto
piscine	piscina
à la reception	saguão
au restaurant	restaurante
au toilette	banheiro

Quand est-ce que cela est arrivé?

Quando foi?

Hier soir.

Ontem à noite.

Il y a deux minutes.

Há dois minutos.

Ce matin.

Hoje de manhã.

Nous allons vous aider à la/le/les chercher.

Vamos ajudá-lo a procurar.

GOVERNANÇA

Services d'hôtel

l'aspirateur de poussière	aspirador de pó
la concièrge	camareira

le concièrge	camareiro
les draps	lencóis
papier hygiénique	papel higiênico
le savon	sabonete
les serviettes	toalhas

Diálogos

Dialogues

– concièrge	camareira
– hôte-hôtesse	hóspede

Pardon, s'il vous plaît, est-ce que je peux...

Com licença, posso ...

nettoyer la chambre?

limpar o quarto?

ranger la chambre?

arrumar quarto?

entrer?

entrar?

finir la chambre?

terminar o quarto?

apporter le plateau?

levar a bandeja?

Oui, s'il vous plaît.

Sim, por favor.

Pas maintenant. Pourriez-vous retourner plus tard, s'il vous plaît.

Agora não, obrigado. Podería voltar mais tarde?

❖

Pourriez-vous m'apporter une autre serviette?

Podería trazer-me outra toalha?

❖

Qu'est-ce qu'il y a ? Qu'est-ce qui se passe.

O que houve? Qual é o problema?

L'ampoule de la lampe est grillée .

A lâmpada do abajur está queimada.

La télévision ne fonctionne pas.

A televisão não funciona.

Mon lit n'a pas de draps.

Minha cama está sem lençóis.

Ma chambre

Meu quarto

n'est pas rangée.

não está arrumado.

est trop bruyante.

é muito barulhento.

C'est sûr. Je vais chercher le concièrge pour qu'il la fasse réparer.

Certo. Vou procurar o encarregado para que conserte.

Ne vous inquiétez pas. Je vais vous changer la chambre.

Não se preocupe. Vou trocar o senhor de quarto.

não perturbe

favor arrumar o quarto

VOCABULÁRIO E EXPRESSÕES

Vocabulaire et expressions

Quelle est le voltage ici?

Qual é a voltagem aqui?

C'est deux cents vingt.

É duzentos e vinte.

BANHEIRO

Salle de bain

armoire	armário
bonnet à bain	touca de banho

brosse à cheveux	escova de cabelos
brosse à dents	escova de dentes
ciseaux	tesoura
crème à rasoir	creme de barbear
crème dentifrice	pasta de dentes
déodorant	desodorante
éponge	esponja
étagère	prateleira
l'évier	pia
fil dental	fio dental
miroir	espelho
mouchoir de papier	lenços de papel
tiroir	gaveta
pantoufle	chinelos
papier hygiénique	papel higiênico
peigne	pente
prise	tomada
rasoir eléctrique	barbeador elétrico
robe de chambre	robe de banho
robinet	torneira
savon à toilette	sabonete
sécheur à cheveux	secador de cabelos
serviette à bain	toalha de banho
shampoo	xampu
lime	lixa para unhas

SERVIÇO DE LAVANDERIA
Service de blanchisserie

Diálogos

Dialogues

– **conciérge** | camareira

– **hôte/hôtesse** | hóspede

Pardon! Monsieur, est-ce que vous avez quelque chose à laver?

Desculpe! O senhor tem alguma roupa para lavar?

Oui, et j'aimerais faire repasser ce costume.

Sim, e também gostaria de passar este terno.

Madame, est-ce que vous pouvez apporter cette chemise pour laver, s'il vous plaît?

A señora pode levar esta camisa para lavar, por favor?

S'il vous plaît, mettez-le dans un sac en plastique de blanchisserie, et je l'apporterai.

O senhor deve colocá-la na sacola plástica da lavanderia e eu a levarei.

Mais j'ai besoin que cela soit prêt demain.

Mas eu preciso que esteja pronta amanhã.

Il n' y a pas de problème. Demain très tôt le matin il vous sera rendu.

Não há problema. Amanhã cedinho pela manhã será entregue.

Merci beaucoup.

Obrigado.

❖

Je crois qu'il manque une cravate...

Acho que falta uma gravata.

Helàs Monsieur. Je vais demander à la blanchisserie.

Lamento senhor. Vou perguntar na lavanderia.

Diálogo

Dialogue

– **réceptionnaire**	recepcionista
– **hôte/hôtesse**	hóspede

J'aimerais bien fermer le compte.

Gostaria de fechar a conta.

Oui, Monsieur. Quel est le numéro de votre appartement?

Sim senhor. Qual é o número do seu apartamento?

505.

Est-ce que vous avez pris quelque chose au mini-bar?

O senhor consumiu alguma coisa do mini-bar?

Non.

Não.

Ça va. Je vous apporterez le compte tout de suite. Quelle est la façon dont vous voulez payer ?

OK. Já lhe trago a conta. Qual será a forma de pagamento?

Carte crédit.

Cartão de crédito.

C'est ici, Monsieur.

Aqui está, senhor.

CHECK-OUT

Quitter l'hôtel

Pour quitter l'hôtel, cela doit être fait jusqu'à midi.

O *check out* deverá ser feito até o meio-dia.

Vocabulário

Vocabulaire

caisse	caixa
compte	conta
décompte	desconto
monnaie courrante	moeda corrente
monnaie étrangère	moeda estrangeira
reçu	recibo
taxe de change	taxa de câmbio

Diálogo
Dialogue

- **réceptionnaire** | recepcionista
- **hôte / hôtesse** | hóspede

Bonjour! Je peux vous aider?
Bom dia! Posso ajudá-lo?

Je vais quitter l'hôtel ce matin.
Vou deixar o hotel nesta manhã.

Pourriez-vous me donner
Poderia me dar

la note? | a nota?
la facture | a fatura?

Très bien. Quelle chambre avez-vous?
Qual o número do seu quarto?

Reclamações
Réclamations

Pardon, mais il y a une erreur dans cette compte.
Desculpe, mas tem um erro nesta conta.

De quoi s'agit cette valeur?
Do que é este valor?

C'est une bière dans le réfrigérateur.
É a cerveja da geladeira.

LOCALIZAÇÕES / DIREÇÕES
Localisations/Directions

LOCALIZAÇÕES
Localisations

Pardon, où se trouve la pharmacie?

Perdão, onde fica a farmácia?

La plus proche se trouve rue de ...

A mais próxima fica na rua...

Merci beaucoup!

Muito obrigado.

De rien.

De nada.

ou

Je regrette, mais je ne sais pas.

Sinto muito, mas eu não sei.

Bon, merci.

Bem, obrigado(a).

❖

Est-ce qu'il y a une pharmacie près d'ici?

Tem alguma farmácia perto daqui?

Non. Elle est loin d'ici. Vous devez y aller en voiture.

Não. Ela fica longe daqui. Você deve ir de carro.

❖

Où se trouve le musée ...?

Onde fica o museu ...?

Il se trouve rue ...

Ele fica à rua ...

C'est loin d'ici?

É longe daqui?

Non. C'est tout près. Vous pouvez y aller à pied.

Não. É pertinho. Você pode ir a pé.

Regardez sur le plan

Olhe no mapa

a) Hôpital | Hospital

• **L'Hôpital se trouve avenue de Fleurs, en face de la pharmacie.**

O Hospital fica na avenida de Fleurs, em frente à farmácia.

b) L'Église | Igreja

• **L'église se trouve au coin de la rue de la Plage, et de la rue de Rivoli.**

A igreja fica na esquina da rua de la Plage com a de Rivoli.

c) Cinéma | Cinema

• **Le cinéma se trouve entre la poste et l'école.**

O cinema fica entre o correio e a escola.

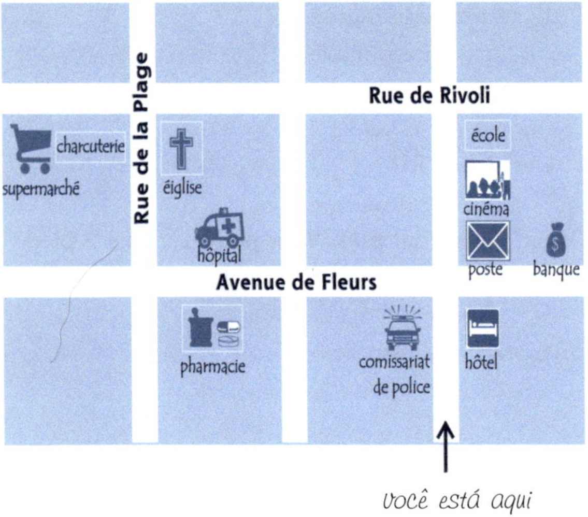

d) Supermarché | Supermercado

- **Le supermarché se trouve près du musée.**

  O supermercado fica perto do museu.

e) La Poste | Correio

- **La Poste se trouve à côté du cinéma.**

  O correio fica ao lado do cinema.

f) Police | Delegacia

- **Le Commissariat de Police se trouve au bout de la rue.**

  A delegacia de polícia fica no final da rua.

PERGUNTANDO A DIREÇÃO
Pour demander la direction

Pardon, comment fait-on pour aller au musée?

Com licença, como se faz para ir ao museu?

❖

Pardon, pourriez-vous m'indiquer où se trouve le musée?

Com licença, poderia me indicar onde fica o museu?

a) Église | Igreja

• **Continuez dans cette rue, prenez la deuxième à gauche et au bout de la rue vous verrez l'église.**

Continue nesta rua, pegue a segunda à esquerda e no final da rua você verá a igreja.

b) Pharmacie | Drogaria

• **Allez jusqu'au coin, tournez à gauche. La Pharmacie se trouve juste au bout de cette rue.**

Vá até a esquina, vire à esquerda. A farmácia fica justo no final da rua.

c) Comissariat de Police | Delegacia

• **Continuez tout droit dans cette rue. Le Commissariat de Police se trouve à gauche.**

Siga em frente nessa rua. A delegacia de polícia fica à esquerda.

d) Banque | Banco

• **Continuez tout droit jusqu'à l'hôtel. Prenez la rue à droite. La banque se trouve sur le trottoir de gauche, juste après la Poste.**

Siga em frente até o hotel. Entre na rua à direita. O banco fica na calçada da esquerda, logo depois do correio.

VOCABULÁRIO

Vocabulaire

le bord	meio fio
la boulagerie	padaria
le carrefour	cruzamento
continuer tout droit	seguir reto
droite	direita
les feux	sinaleira
gauche	esquerda
le kioske à journaux	banca de jornais
loin	longe
le pâté de maisons	quarteirão
la pharmacie de garde	farmácia de plantão
la place	praça
près	perto
quartier	bairro
la rotonde, le rond-point	rótula
rue barrée	rua impedida
le trottoir	calçada

TÁXI
Taxi

Où est-ce que je peux prendre un taxi?
Onde posso tomar um taxi?

Combien est-ce que ça coûte pour aller rue ...?
Quanto custa para ir à rua...?

Conduisez-moi rue ... s'il vous plaît!
Leve-me à rua ... por favor!

Pourriez-vous arrêter ici, s'il vous plaît?
Poderia parar aqui, por favor?

ÔNIBUS
Autobus

Où se trouve
Onde fica

la gare des autobus?
a rodoviária?

l'arrêt d'autobus?
a parada de ônibus?

Quel autobus dois-je prendre pour aller à ...?

Que ônibus devo tomar para ir à ...?

Avec quelle fréquence passent les autobus pour ...?

Com que frequência passam os ônibus para ...?

Ils passent toutes les 10 minutes.

Passam a cada 10 minutos.

Combien coûte l'autobus ?

Quanto custa a passagem? (de ônibus)

Je dois descendre à ... pourriez-vous me prévenir, s'il vous plaît?

Tenho que descer na ... poderia me avisar, por favor?

Je voudrais aller ... pourriez-vous me dire où je dois descendre?

Eu gostaria de ir para ... poderia me dizer onde devo descer?

TREM

Train

Où se trouve la gare?

Onde fica a estação de trens?

A quelle heure part le train pour Bruxelles?

A que horas parte o trem para Bruxelas?

Ce train s'arrête-t-il à Paris?

Este trem para em Paris?

Est-ce que c'est un train direct?

É um trem direto?

Est-ce que le train est à l'heure ou est-ce qu'il est en retard?

O trem esta no horário ou esta atrasado?

Sur quelle quai arrive le train de Lyon?

Em que plataforma chega o trem de Lion?

METRÔ

Métro

Où se trouve la station de métro?

Onde fica a estação de metrô?

Quel est le prochain arrêt?

Qual a próxima parada?

Quelle correspondance est-ce qu'il y a pour ...?

Qual a conexão para ...?

ALUGUEL DE CARROS

Location des voitures

a) Au bureau | No escritório

Je voudrais louer une voiture!

Gostaria de alugar um carro.

Où est-ce que je peux louer une voiture?

Onde posso alugar um carro?

Est-ce qu'on peut louer une voiture à l'aéroport?

Pode-se alugar um carro no aéroporto?

Je voudrais une petite voiture pour six jours.

Eu queria um carro pequeno por 6 dias.

Combien est-ce que ça coûte par jour?

Quanto custa por dia?

Le kilometrage est-il illimité?

A quilometragem é livre?

L'essence est-elle inclue? / Le diesel est-il inclu?

A gasolina está incluida? / O diesel está incluido?

NO POSTO DE GASOLINA
A la pompe à essence

Faites le plein avec de l'éssence sans plomb s'il vous plaît.

Encha com gasolina sem chumbo por favor.

Ma voiture a un pneu crevé.

Meu carro está com um pneu furado.

Pourriez-vous calibrer les pneus?

Poderia calibrar os pneus, por favor?

Pourriez-vous regarder l'huile, s'il vous plaît?

Poderia verificar o óleo, por favor?

Pourriez-vous laver le pare-brise, s'il vous plaît?

Poderia lavar o pára-brisa, por favor?

Pourriez-vous regarder la préssion de la roue de rechange?

Poderia verificar a pressão do estepe?

NA ESTRADA

Sur la route

Où va cette route?

Aonde vai esta estrada?

A quelle distance se trouve ...?

A que distância fica...?

Quelle est la prochaine ville ?

Qual é a próxima cidade?

Où se trouve la sortie pour ...?

Onde fica a saída para ...?

Où se trouve le garage le plus proche?

Onde fica a oficina mais próxima?

Il y a eu un accident! S'il vous plaît, appelez la police!

Houve um acidente! Por favor, chame a polícia!

Quelqu'un de blessé?

Alguém ferido?

Appelez une ambulance!

Chame uma ambulância!

Pourriez- vous me remorquer?

Poderia me rebocar?

Pourriez-vous pousser la voiture?

Poderia empurrar o carro?

NA OFICINA

Au Garage

La batterie est déchargée.

A bateria está descarregada.

Je ne sais pas ce que ma voiture a.

Eu não sei o que há com meu carro.

Combien de temps allez-vous mettre pour la réparer?

Quanto tempo demora o conserto?

Pouvez-vous la réparer?

Poderia conserta-la?

Est-ce que tout est en ordre?

Está tudo em ordem?

Combien est-ce que ça coûte?

Quanto custa?

VOCABULÁRIO

Vocabulaire

l'accôtement, le bas-côté	acostamento
un aller-retour	ida e volta

un aller simple	viagem de ida
les feux	sinaleira
la voie, la bande	faixa (da estrada)
le wagon-lit	vagão-leito

O carro

La voiture

l'accélérateur	acelerador
l'amortisseur	amortecedor
arrière	traseiro
avant	dianteiro
la boîte à gants	porta-luvas
le câble	cabo
la capote	capota
la ceinture de sécurité	cinto de segurança
la clé	chave
le coffre	porta-malas
l'embrayage	embreagem
le frein	freio
le garde-brise	para-brisa
le klaxon	buzina
la marche en arrière	marcha ré
le olignotant / le clignoteur	pisca-pisca
la plaque d'immatriculation	placa
les phares	faróis
le pneu	pneu
le rétroviseur	retrovisor
le siège	banco

CHAMADAS TELEFÔNICAS | Appels Téléphoniques

INTERNACIONAIS
Internationaux

Je voudrais téléphoner au Brésil, s'il vous plaît.

Gostaria de telefonar para o Brasil, por favor.

Dans quelle ville?

Para qual cidade?

ou

Où?

Onde?

A Rio de Janeiro.

A quel numéro?

Qual é o número?

CHAMADA A COBRAR
Appel à payer

J'aimerais bien faire un appel à payer pour New York, s'il vous plaît.

Gostaria de fazer uma chamada a cobrar para Nova York, por favor.

Oui, est-ce que vous savez le code de la surface?

Sim, senhor. O senhor sabe o código de área?

Para fazer uma ligação do Brasil para Paris, proceda da seguinte forma:

Ex.: 00 + código da operadora + 33 (código da França) + 1 (código de Paris) + número do telefone

Para ligar da França para o Brasil através da Embratel, deve-se discar o código de acesso da França (France Telecom), que é 0800.990055 e seguir as instruções.

FALANDO POR TELEFONE

Pour parler au téléphone

a) Conversa formal

Registre recherché

Bonjour! Je suis Cristine Vallmant, je voudrais parler à Edouard Dupuis, s'il vous plaît.

Bom dia! Eu sou Cristine Vallmant, gostaria de falar com Eduardo Dupois, por favor.

b) Conversa informal

Registre courant

Allo.

Salut! Est-ce que Sylvie est là?

Oi! A Sylvie está?

De la part de qui?

Quem esta falando?

D'Alain Michaux.

Alain Michaux.

Un instant! Ne raccrochez pas!

Um instante! Não desligue!

Salut Sylvie! C'est Alain.

Oi Sylvie! É o Alain.

DIÁLOGOS NO HOTEL

Dialogues à l'hôtel

– téléphoniste	telefonista
– **personne qui téléphone**	pessoa que telefona
– **hôte**	hóspede

Hotel Miraflores. Est-ce que je peux vous aider?

Hotel Miraflores. Posso ajudá-lo(a)?

Oui, j'aimerais parler avec Monsieur Dupont, s'il vousplaît.

Sim, eu gostaria de falar com o senhor Dupont, por favor.

Est-ce que vous savez le numéro de la chambre?

O senhor sabe qual o número do quarto?

Non.

Não.

Il n'y a pas de problème. Je vais vérifier dans notre liste d'hôtes.

Não tem problema. Vou verificar nossa lista de hóspedes.

Merci beaucoup.

Obrigado.

Très bien, monsieur. Le monsieur Dupont est dans la chambre 324, est-ce que vous pouvez dire votre nom, s'il vous plaît?

Muito bem, senhor. O senhor Dupont está no quarto 324, poderia me dizer o seu nome?

Je vous en prie. C'est Gérard.

Pois não. É Gérard.

Une minute, s'il vous plaît. Ne quittez pas.

Um minuto por favor. Não desligue!

. . .

Bonjour. C'est Monsieur Dupont il est au téléphone et il voudrait bien parler à Monsieur Gérard.

Bom-dia. O senhor Dupont está ao telefone e deseja falar com o senhor Gérard.

Ça va, j'étais en train d'attendre ce coup de fil.

Ok, eu estava esperando este telefonema.

Monsieur Gerard? Le Monsieur Dupont va parler avec vous, s'il vousplaît, ne quittez pas!

Senhor Gerard? O senhor Dupont irá lhe atender.

RECADOS
Messages

Pourriez-vous lui dire qu'il téléphone plus tard au numéro ...?

Poderia lhe dizer para telefonar mais tarde para o número ...?

Quand revient-il?

Quando é que ele volta?

Puis-je laisser un message?

Posso deixar um recado?

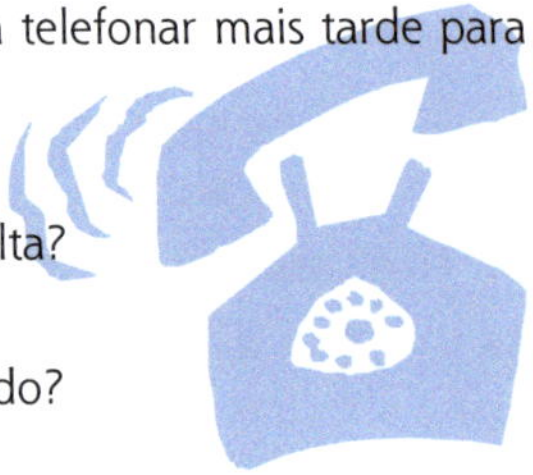

CHAMADA PARA DESPERTAR
Service de réveil automatique

Pourriez-vous me téléphoner à sept heures du matin?

Poderia me chamar às sete horas da manhã?

Bien sûr! Quel est votre numéro de chambre?

Certamente! Qual é o número do seu quarto?

EXPRESSÕES ÚTEIS
Expressions utiles

La communication a été coupée.

Caiu a ligação.

La ligne est occupé.
A linha está ocupada.

❖

Pardon, je me suis trompé.
Desculpe, foi engano.

❖

Quel numéro appelez-vous?
A que número você chamou?

❖

Votre appel au Brésil!
Sua ligaçao para o Brasil!

❖

Ne raccrochez pas! Restez en ligne, s'il vous plaît.
Não desligue! Espere na linha , por favor.

VOCABULÁRIO
Vocabulaire

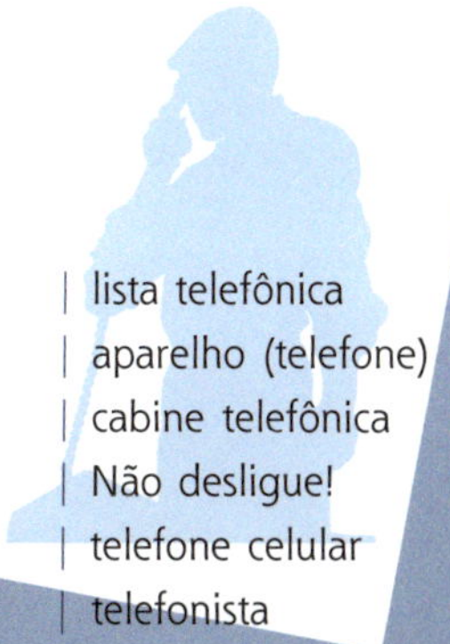

l'annuaire téléphonique	lista telefônica
l'appareil	aparelho (telefone)
cabine téléphonique	cabine telefônica
Ne raccrochez pas!	Não desligue!
portable	telefone celular
téléphoniste	telefonista

O TEMPO | Le temps

COMO ESTÁ O TEMPO?

Quel temps fait-il?

Comment est le temps en Novembre?

Que tempo faz em novembro?

En général, assez froid.

Em geral, bastante frio.

Il fait beau / ensoleillé
está um dia bonito / ensolarado

Il fait chaud
quente

nuageux
está nublado

chaud
morno

Il pleut / pluvieux
chove / chuvoso

frais
fresco

Il neige
neva

Il fait froid
está frio

QUAL É A TEMPERATURA?

Quelle température fait-il?

Combien de degrés y a-t-il aujourd'hui en Bretagne?

A quantos graus está hoje a Bretanha?

Il y a vingt-huit degrés.

Está a vinte e oito graus.

Quel temps fait- il?

Como está o tempo?

Il pleut, prends ton parapluie.

Está chovendo, leve seu guarda-chuva.

Tu crois qu'il fera froid?

Você acha que vai fazer frio?

Je ne sais pas, mais prends ton manteau, on ne sais jamais!

Eu não sei, mas leve seu sobretudo, nunca se sabe!

Tu as vu les prévisions météoreologiques?

Você viu as previsões meteorológicas?

Oui. On prévoit de la neige dans les Pyrénées.

Sim. Está previsto neve nos Pirineus.

Tu ne crois pas que je suis trop couvert?

Você não acha que estou agasalhado demais?

Si. Mets quelque chose de plus léger.

Sim. Vista algo mais leve.

AS ESTAÇÕES DO ANO
Les saisons de l'Année

Printemps
Primavera

Eté
Verão

Automne
Outono

Hiver
Inverno

MARCANDO CONSULTA NO MÉDICO
Prendre rendez-vous

Bon jour. Je voudrais un rendez-vous avec docteur Swan.

Bom-dia. Gostaria de marcar uma consulta com o Dr. Swan.

D'accord madame. Mardi à 15 heures, c'est bien pour vous?

Certo, senhora. Pode ser na terça-feira às 15 horas?

Désolée, mais je ne peux pas ce mardi-là.

Desculpe, mas nesta Terça não será possível.

Bon, est-ce que vous pouvez venir jeudi à la même heure?

A senhora pode vir na quinta-feira na mesma hora?

Oui, jeudi c'est bien pour moi.

Ok, quinta é um dia bom para mim.

Parfait, madame. Votre nom, s'il vous plaît?

Perfeitamente, senhora. O seu nome, por favor?

MÉDICO
Chez le Médecin

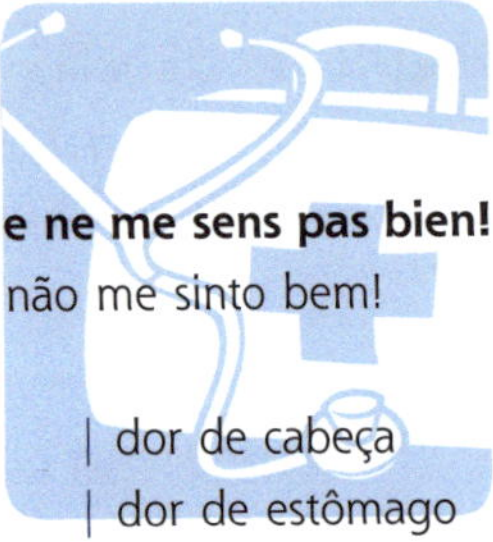

Y a-t-il un médecin à l'hôtel? Je ne me sens pas bien!
Há um médico no hotel? Eu não me sinto bem!

J'ai mal
Eu tenho

à la tête	dor de cabeça
au ventre	dor de estômago
au dos	dor nas costas
à la gorge	dor de garganta
aux oreilles	dor de ouvidos

J'ai de la fièvre.
Tenho febre.

Je tousse.
Estou com tosse.

J'ai des frissons.
Estou com calafrios.

Je tremble.
Estou tremendo.

J'ai **mal au coeur**
des nausées.
Tenho náuseas.

Comment vous sentez-vous?
Como se sente?

Quel est votre problème?
Qual é o seu problema?

Qu'est-ce que vous avez?

O que você tem?

J'ai vomi.

Vomitei.

Couchez-vous ici, s'il vous plaît.

Deite-se aqui, por favor.

Enlevez votre chemise.

Tire a camisa.

Quels médicaments avez-vous pris?

Que remédio você tem tomado?

Toussez!

Tussa!

Inspirez profondément!

Respire fundo.

Il faut faire une analyse de

É preciso fazer um exame de

sang	sangue.
d'urine	urina.

Je vais vous prescrire un

Eu vou lhe prescrever um

antibiotique	antibiótico.
analgésique	analgésico.

Une infermière viendra prendre votre tension et votre température.

Uma enfermeira virá medir sua pressão e sua temperatura.

Je me suis blessé

Eu me machuquei

au bras	no braço.
au pied	no pé.

Je suis

Eu sou

diabétique	diabético.
allergique à ...	alérgico a ...

Je suis enceinte.

Estou grávida.

J'ai eu une crise cardiaque l'année dernière.

Eu tive um ataque cardíaco no ano passado.

Je suis **grippé / J'ai la grippe.**
enrhumé / J'ai un rhume.

Estou gripado.

Il faut que je vois un

Preciso consultar um

dermatologue	dermatologista.
cardiologue	cardiologista.
chirurgien	cirurgião.
pédiatre	pediatra.
gynécologue	ginecologista.

Mon mari	Meu marido
Ma femme	Minha mulher
Mon enfant	Meu filho (a)

est malade.

está doente.

VOCABULÁRIO
Vocabulaire

le talon	calcanhar
la cheville	tornozelo
le coeur	coração
la constipation	prisão de ventre
la diarrhée	diarréia
le dos	costas
l'entorse	entorce
l'étourdissement	tontura
le foie	figado
le front	testa
le genou	joelho
l'hypertension	hipertensão
l'ivresse	embiraguez
le jeûne	jejum
la migraine	enxaqueca
la nausée	náuseas
la paupière	pálpebra
la peau	pele
la tête	cabeça

DENTISTA
Chez le dentiste

Y a-t-il un dentiste près d'ici?
Tem algum dentista aqui perto?

Je voudrais avoir un rendez-vous.

Eu gostaria de marcar uma consulta.

J'ai mal à une dent.

Estou com dor de dente.

Vous pouvez me soigner?

Pode me tratar?

Vous pouvez me soigner provisoirement jusqu'à ce que je rentre au Brésil?

Pode fazer um tratamento provisório até que eu regresse ao Brasil?

J'ai un flegmon.

Estou com um abscesso.

Un plombage est tombé.

Caiu uma obturação.

La dent	O dente	
La prothèse	A prótese	**s'est cassée.**
		está quebrado.

Je devrai revenir demain?

Devo voltar amanhã?

VOCABULÁRIO

Vocabulaire

l'anesthésie	anestesia
la canine	canino

la gencive	gengiva
le menton	queixo
la molaire	molar
le nerf	nervo
l'orthodontie	ortodontia

FARMÁCIA
Pharmacie

Est-ce qu'il y a une pharmacie de garde près d'ici?
Tem alguma farmácia de plantão aqui perto?

❖

Est-ce qu'on a besoin d'une ordonnance pour ce médicament?
É necessário ter receita para este remédio?

❖

Où se trouve la pharmacie la plus proche?
Onde fica a farmácia mais próxima?

❖

Bonsoir. Je peux vous aider?
Boa noite. Posso lhe ajudar?

❖

On s'occupe de vous?
Já está sendo atendido?

❖

Je voudrais ...

Eu gostaria de ...

Donnez-moi quelque chose contre ...

De-me alguma coisa contra ...

Pourriez-vous obtenir ce médicament?

Poderia conseguir este medicamento?

VOCABULÁRIO

Vocabulaire

une aspirine	aspirina
le bandage	curativo
le collyre	colírio
le coton	algodão
un emplâtre pour les cors	protetor para calos
le pansement adhésif	band-aid
la pastille/ le cachet	comprimido
la pilule (contraceptif)	pílulas
la piqûre	injeção
la pommade	pomada
le préservatif	camisinha
le sirop	xarope
le sparadrap	esparadrapo

RESTAURANTE | Au Restaurant

FALANDO COM O GARÇOM
Pour parler avec le serveur

Bonsoir!

Boa-noite.

Bonsoir! Une table pour deux, s'il vous plaît.

Boa noite! Uma mesa para dois, por favor.

Bien. Suivez-moi, s'il vous plaît.

Sim senhor, siga-me, por favor.

Par ici s'il vous plaît

Por aqui, por favor.

. . .

Vous désirez commander maintenant?

Desejam fazer o pedido agora?

Pourriez-vous m'apporter la carte?

Poderia trazer-me o cardápio?

Que désirez-vous, Monsieur?

O que deseja,Senhor?

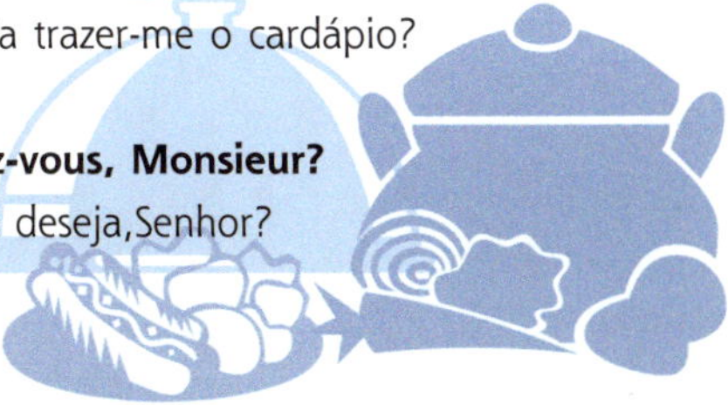

FAZENDO PEDIDOS
Pour commander

Je voudrais une salade verte, s'il vous plaît.
Eu gostaria de uma salada verde, por favor.

Quel type de sauce préférez-vous?
Que tipo de molho prefere?

Apportez-moi du sel et de l'huile.
Traga-me sal e azeite.

DRINQUES
Les boissons

Qu'allez-vous prendre?
O que vai tomar?

Apportez-moi la carte des vins, s'il vous plaît.
Traga-me a carta de vinhos, por favor.

Est-ce que vous avez une demi bouteille de ...?
Vocês tem meia garrafa de ...?

COMO PREFERE O SEU BIFE?

Comment préférez-vous de la viande?

saignante
mal-passado

au point
ao ponto

bien cuite
bem-passado

COMO PREFERE OS OVOS?

Comment préférez-vous les oeufs?

des oeufs sur le plat
estrelados

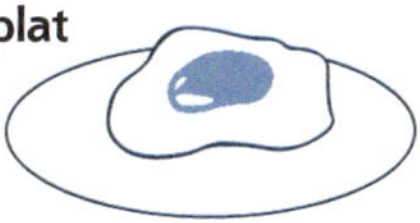

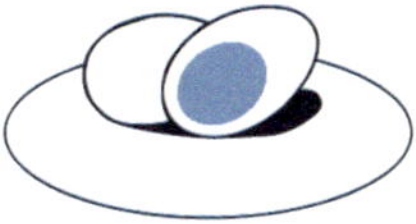

un oeuf dur
cozido

une omelette
omelete

des oeufs brouillés
mexidos

ALGO MAIS?

Ce sera tout?

Pourriez-vous m'apporter une bouteille* d'eau, s'il vous plaît?

Poderia trazer-me uma garrafa d'água, por favor?

Avec des glaçons?

Com gelo?

Ce sera tout?

Algo mais?

Oui. Apportez-moi l'addition, s'il vous plaît. Est-ce que vous acceptez les cartes de crédit?

Sim. Traga-me a conta , por favor. Aceitam cartão de crédito?

Bien. Vous prendrez du café?

Muito bem. Vão tomar café?

Oui! Deux cafés!

Sim! Dois cafés!

Avec du sucre ou de la saccharine?

Com açúcar ou sacarina?

OBS:

** Na França e na Bélgica, é considerada um pedido à parte (não é cortesia). Raramente trazem um copo ou uma garrafa de água.*

O garçon geralmente pergunta qual a marca da água desejada (Vichy, Evian, Vittel, Perrier ...)

RECLAMAÇÕES
Réclamations

La nouriture est
A comida está... **froide!** | fria
trop salée! | salgada demais!

Le verre est
O copo está **sale!** | sujo!
n'est pas propre!
| não está limpo!

La viande n'est pas assez cuite!
A carne não está bem passada!

Le poisson n'a pas l'air frais!
O peixe não parece fresco!

Pourquoi est-ce que nos plats n'arrivent pas?
Porque os nossos pratos não vêm?

Ce n'est pas ce que j'ai demandé! J'avais demandé un...
Isto não é o que eu pedi! Eu pedi um...

Il manque une fourchette.
Falta um garfo.

Monsieur! Je crois qu'il y a une erreur dans l'addition...
Garçon! Creio que há um erro na conta ...

VOCABULÁRIO: O MENU
Vocabulaire

- **Moyens de préparation**

modos de preparo

cru	cru
au four	ao forno
fumé	defumado
gratté	na brasa
grillé	grelhado
rôti	churrasco

- **viandes**

carnes:

agneau	cordeiro
boeuf	vaca
lapin	coelho
porc	porco
sanglier	javali
veau	vitela

- **volailles**

aves:

le canard	pato
la dinde	peru
le poulet	frango

- **poissons**

pescados:

le crabe	caranguejo
les crevettes	camarões
la langouste	lagosta
le saumon	salmon
la sole	linguado
le thon	atum
la truite	truta

- **fruits**

frutas:

l'ananas	abacaxi
la banane	banana
la fraise	morango
la framboise	framboesa
la fruit de passion	maracujá
la mandarine	tangerina
la noix de coco	coco
l'orange	laranja
le pamplemousse	grapefruit / pomelo
la pastèque	melancia
la poire	pêra
la pomme	maçã
la pêche	pêssego
le raisin	uva

• salade

saladas:

l'ail	alho
l'aubergine	beringela
la betterrave	beterraba
le brocoli	brócolis
la carotte	cenoura
le cocombre	pepino
crudités	legumes crus
les haricots verts	vagem
l'huile	azeite
la laitue	alface
les legumes secs	legumes
le maïs	milho
la mayonaise	maionese
l'oignon	cebola
le persil	salsa (cheiro verde)
les petit pois	ervilhas
le poivre	pimenta
la pomme de terre	batata
le sel	sal
le vinaigre	vinagre

• desserts

sobremesas:

le biscuit	biscoito
fruits au sirop	frutas em calda

le gâteau	bolo
la glace / le sorbet	sorvete
la madeleine	bolo inglês
la tarte	torta

- **boissons**

bebidas:

la bière	cerveja
un demi (bière préssion)	chopp
l'eau	água
le jus	suco
la limonade	limonada
rafraîchissant normal	refrigerante normal*
rafraîchissant light	refrigerante light
le rhum	rum
le vin**	vinho

OBS:

** Se diz **"une colá"** para Coca-Cola.*

***Na França é comum, e até recomendável, pedir o **"vin de (la) maison"**, que é o vinho da casa.*

- **les couverts**

talheres:

l'assiette	prato
la bouteille	garrafa

la coupe | taça
le couteau | faca
la cuillère | colher
la fourchette | garfo
la ponche | concha
la serviette | guardanapo
la tasse | xícara
le verre | copo

- **... et aussi**

... e também:

avec une garniture | com guarnição
les escargots | caramujos
farci | recheado
le fois gras | paté de fígado de ganso
(literalmente: "fígado gordo")
fruits de saison | frutas da estação
les gâteaux(sucreries) | doces
hors-d'oeuvre | entrada
menu à prix fixe | preço único
les olives | azeitonas
la paille | canudo
plat du jour | prato do dia
le riz | arroz
(avec du riz = com arroz)
le tire-bouchon | saca-rolhas

DIÁLOGO NO RESTAURANTE

Dialogue au restaurant

- **– serveur** | garçom
- **– client** | cliente

Bonsoir!

Boa-noite.

Bonsoir! Une table pour trois, s'il vous plaît.

Boa-noite! Uma mesa para três, por favor.

Oui, Monsieur! Par ici, s'il vous plaît.

Sim, Senhor! Por aqui, por favor.

Celle-ci vous convient?

Esta lhe convém?

Oui, merci.

Sim, obrigado.

Vous voulez commander?

Desejam fazer o pedido?

Vous avez choisi?

Já escolheram?

Pas encore! Nous aimerions voir la carte, s'il vous plaît.

Ainda não! Nós gostaríamos de ver o cardápio, por favor.

Bien sûr! Là voici.

Claro! Aqui está.

...

Vous avez choisi?

Já escolheram?

Oui. Pour Madame, ce sera une omelete au jambon avec une salade de tomates, pour moi un steak-frites et pour le petit un verre de lait.

Sim. Para a Senhora, será um omelete de presunto e uma salada de tomates, para mim um bife com batatas fritas e para o menino um copo de leite.

Quel type de sauce voulez-vous pour la salade, Madame?

Que tipo de molho gostaria para a salada, Madame?

Qu'est-ce que vous avez?

O que vocês têm?

Mayonaise, vinagrette, tartare...

Maionese, vinagrette, tártaro...

Vinagrette!

Vinagrette!

Très bien. Vous allez prendre du vin?

Muito bem. Vão tomar vinho?

Oui. Apportez-nous la carte des vins, s'il vous plaît.

Sim. Traga-nos a carta de vinhos, por favor.

...

Qu'est-ce que vous avez comme dessert?

O que vocês têm como sobremesa?

Nous avons de la macedoine (salade) de fruits, de la tarte aux pommes, de la glace...

Temos salada de frutas, torta de maçã, sorvete ...

Trois glaces, s'il vous plaît.

Três sorvetes, por favor.

L'addition, s'il vous plaît!

A conta, por favor!

CAFÉ DA MANHÃ E LANCHE
Petit déjeuner et goûter

petit déjeuner:

café da manhã

goûter:

lanche

le beurre	manteiga
le café	café
chaud	quente
la confiture / la marmelade	geléia
le croque-monsieur	misto-quente
froid	frio

le fromage	queijo
le lait	leite
le miel	mel
le milk-shake (frappé)	milk-shake
le pain	pão
pain grillé	torrada
le sandwich	sanduíche
la saccharine	adoçante
le sucre	açúcar
le thé	chá

- **les repas**

as refeições:

le petit déjeuner	café da manhã
le déjeuner	almoço
le dîner	jantar

- **fromage**

queijo:

de mofo branco: Camembert, Brie e Chamois D'or

de mofo azul: Gorgonzola, Mellow Blue e Cream'Azur

tipos suíços: Gruyère, Emental e Massdamer

suaves: Gouda, Itálico e Edam

fortes: Provolone, Parmesão e Grana Padano

VOCABULÁRIO
Vocabulaire

une demi bouteille	meia garrafa
la carte	cardápio
la carte (de crédit)	cartão (de crédito)
faire	fazer
la glace, le glaçon	gelo
l'huile	azeite
l'oeuf	ovo
la salade	salada
la sauce	molho
suivez-moi	sigam-me
le verre	copo

la tasse

le verre

le lait

COMPRANDO ROUPAS EM UMA LOJA

Pour acheter un vêtement dans une boutique

On s'occupe de vous?

Já foi atendido?

Je peux vous aider?

Posso ajudar?

Non, merci! Je ne fais que regarder.

Não obrigado, estou só olhando.

ou

Oui. Je cherche **une chemise.**

Sim, procuro uma camisa.

une blouse.

uma blusa.

COMPRANDO UMA ROUPA

Pour acheter un vêtement

Je peux essayer?

Posso provar?

Bien sûr! La cabine d'essayage est à votre droite.

Claro! O provador está à sua direita.

Ça ne me va pas très bien.

Não ficou muito bem em mim.

PERGUNTANDO O PREÇO

Pour demander le prix

Combien ça coûte?

Quanto custa?

Trente Euros.

Trinta Euros.

Très bien. Je vais prendre ceci.

Muito bem. Vou levar este aqui.

DECIDINDO NÃO COMPRAR

Quand vous décidez de ne pas acheter

Ça vous va très bien!

Esta ficou muito bem em você!

Je n'en suis pas très sûr. Combien ça coûte?

Não tenho muita certeza. Quanto custa?

Cinq cents Francs.

Quinhentos francos.

Bon... je vais réfléchir.

Bem... vou pensar.

TAMANHO DA ROUPA
La taille du vêtement

Quelle taille voulez-vous?

Que tamanho deseja?

Je voudrais une taille trente-huit.

Eu gostaria de uma trinta e oito.

- **roupas femininas**

Brasil	36	38	40	42	44	46	48	50
USA	2	4	6	8	10	12	14	16
França	34	36	38	40	42	44	46	48

- **camisas masculinas**

Brasil	36	37	38	39	40	41	42
USA	14	14,5	15	15,5	16	16,5	17
França	36	37	38	39	40	41	42

- **calçados femininos**

Brasil	34	35	36	37	38	39	40
USA	5,5	6	7	7,5	8,5	9	10
França	36	37	38	39	40	41	42

- **calçados masculinos**

Brasil	39	40	41	42	43	44
USA	7,5	8,5	9,5	10	11	12
França	41	42	43	44	45	46

- **roupas infantis**

Brasil	2	4	6	8	10	12
USA	2-3	4-5	6-x	7-8	10	12
França	2-3	4-5	6-7	8-9	10-11	12

- **calçados infantis**

Brasil	18	19	20	21	22	23	24
USA	2,5	4,5	5,5	6	7	7,5	8,5
França	20	21	22	23	24	25	26

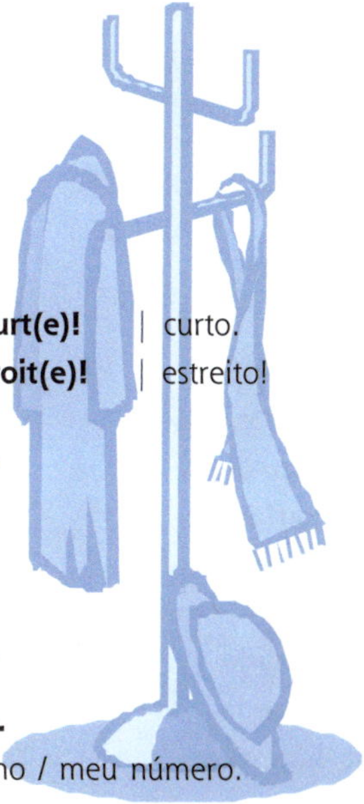

EXPRESSÕES ÚTEIS
Expressions utiles

C'est trop

Está muito...

court(e)!	curto.
étroit(e)!	estreito!

❖

Est-ce qu'il y a un miroir?

Tem um espelho?

❖

Ce n'est pas la bonne taille.

Não é o meu tamanho / meu número.

Je peux l'échanger contre un autre?
Posso trocar por um outro?

Je regrette! Il ne nous en reste plus.
Sinto muito! Não temos mais.

Vous en avez de	**plus claires?**	mais claro?
Tem mais	**plus foncé?**	mais escuro?

VOCABULÁRIO
Vocabulaire

magasins

lojas

la bijouterie	joalheria
la boulangerie	padaria
la charcuterie	fiambreria
le coiffeur	cabelereiro
la fleuristerie	floricultura
les grands magasinsl	ojas de departamentos
la librairie	livraria
la lingerie	langerie
la lunetterie	ótica

la mercerie	armarinho
la pâtisserie	confeitaria
le self service	self service

❖

les bottes	botas
le boucle d'oreilles	brinco
le calçon	cuecas
la ceinture	cinto
le chapeau	chapéu
les chaussettes	meia
la chemise	camisa
les collants / les bas / les panthys	meia-calça
le coulier	colar
la cravate	gravata
la culote / le slip	calcinhas
l'écharpe	cachecol
les époulettes	ombreiras
le foulard	lenço
la fourrure	pele (de animais)
les gants	luvas
le gilet	colete
jupe	saia
les lunettes	óculos

le maillot de bain	maiô / calção de banho
le manteau	manteau
manteau de pluie	casaco de chuva
le mouchoir	lenço para o nariz
le pantalon	calça comprida
le parapluie	guarda-chuva
pullover en cotton	moleton
robe	vestido
slip / caleçons	cuecas
les soldes	liquidação
soutien	sutiã
survêtement	abrigo para ginástica
tee-shirt	camiseta
la veste	paletó
veste	casaco

AS CORES

Les coulers

blanc	branco
bleu	azul
gris	cinza
jaune	amarelo
noir	preto
orange	laranja

rose	rosa
rouge	vermelho
vert	verde
violet	roxo

lignes

à pois

à carreaux

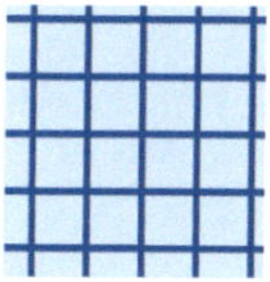

RESERVANDO ENTRADAS PELO TELEFONE
Pour réserver des entrées par téléphone

Est-ce qu'il reste
Ainda tem

des places pour ce soir?
lugares para esta noite?
une table pour samedi?
mesa para sábado?

Oui, il y en reste (beaucoup).
Sim, ainda temos (muitas).

ou

Je regrette! Il n'en reste plus.
Lamento! Já não temos mais.

Quel est le prix des places
Qual é o preço dos lugares

au premier rang?
na primeira fila?
près de l'orchestre?
próximo a orquestra?

Quatre-vingt Euros.
Oitenta Euros.

Je voudrais réserver deux

Gostaria de reservar dois

places pour le spectacle de...

lugares para o espetáculo de ...

billets la séance de 10 heures.

entradas a sessão das 10 horas.

EM CARTAZ

A l'affiche

Qu'est-ce qu'on passe au cinéma ...?

O que está passando no cinema ...?

Qu'est-ce qu'il y a au théâtre ...?

O está (em cartaz) no teatro ...?

Quel est le chanteur? / Qui chante?

Qual é o cantor? / Quem canta?

OBS: Na França, quando se vai ao cinema, sempre vem o "lanterninha" (l'ouvrese) para conduzir as pessoas até seus assentos (em geral numerados).

EXCURSÕES
Excursions

Vous me recommandez l'une de ces excursions?
Me recomenda alguma destas excursões?

Est-ce que vous pouvez me recommender une excursion?
Poderia recomendar alguma excursão?

Est-ce que le guide parle
O guia fala

portugais?	português?
anglais?	inglês?

Combien coûte la promenade?
Quanto custa o passeio?

Est-ce qu'on peut faire des photos?
Se pode tirar fotos?

CONVITES
Invitations

Aimeriez-vous aller au
Você gostaria de ir ao

cinéma?	cinema?
théâtre?	teatro?

Pas aujourd'hui! Demain si vous voulez ....
Hoje não! Amanhã se você quiser ...

Peut-être demain.
Talvez amanhã.

Est-ce que vous avez envie de faire une promenade à pied?

Você gostaria de fazer um passeio a pé?

Oui! Mais aujourd'hui je suis fatigué. Demain, si vous voulez.

Sim! Mas hoje estou cansado. Amanhã, se você quiser.

❖

Est-ce que tu veux danser ce soir?

Quer dançar esta noite?

Oui! Très bonne idée!

Sim! Ótima idéia!

ou

Je regrette, mais j'ai déjà un rendez-vous ce soir.

Sinto muito, mas eu já tenho um encontro esta noite.

❖

Venez! Je t'invite pour un café!

Vem! Te convido para um café.

D'accord. Très bien!

"OK!". Muito bem!

EXPRESSÕES ÚTEIS

Expressions utiles

Tu peux passer me chercher?

Você pode passar para me apanhar?

Où nous retrouvons-nous?

Onde nos encontramos?

Attends-moi en bas, à la réception.

Me espere em baixo, na recepção.

Je me suis bien amusé!

Me diverti muito!

VOCABULÁRIO
Vocabulaire

Endroits à visiter

Lugares para visitar

- **La galerie**  Galeria de Arte
- **Le château**  Castelo
- **Le musée**  Museu

• Le stade	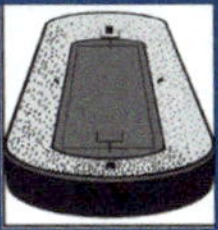	Estádio
• La cathédrale		Catedral
• Le zoo		Zoológico
• La bibliothèque		Biblioteca
• la place		Praça
• L'église		Igreja
• Le planétarium		Planetário
• Théatre		Teatro

la boîte / la discothèque	discoteca
le centre commercial	shopping center
l'écran	tela
la foire	feira
la grotte	caverna
le guichet	bilheteria
les jumelles	binóculos
la loge de théatre	camarote
la plage	praia
le port	porto
la scène	palco
la soirée	saída à noite
le village	vilarejo

DESPEDIDAS

Adieux

Au revoir!

Adeus!

À tout-à-l'heure!

Até já!

A bientôt!

Até logo!

Bon soir!

Boa-noite!

Bonne nuit!

Boa-noite! *antes de dormir*

Bonne soirée!

Boa "noitada"! *no sentido de "divirtam-se*

EXPRESSÕES ÚTEIS
Expressions utiles

a) Trocando dinheiro
Change

Où puis-je changer l'argent?
Onde posso trocar dinheiro?

Je dois changer de l'argent.
Eu tenho que trocar dinheiro.

Quel est le cours du dollar?
Qual a cotação do dolar?

A combien est le change ici?
A quanto está o cambio aqui?

Acceptez-vous les travellers checks ici?
Aceitam travellers checks aqui?

b) Pagamento
Paiement

Comment allez-vous payer?
Como vai efetuar o pagamento?

Je vais payer

Eu vou pagar

en espèces.

em espécie.

avec une carte de crédit.

com cartão de crédito.

par chèque.

com cheque.

avec des travellers checks.

com travellers checks.

PEDINDO TROCO

Pour demander le change

Pardon, pouvez-vous me changer mille francs?

Com licença, pode trocar mil francos?

Je regrette.

Lamento.

Je n'ai pas pour vous changer.

Eu não tenho para trocar.

Je n'ai pas le change.

Eu não tenho troco.

Pouvez-vous me changer cinq cents francs?

Pode trocar quinhentos francos para mim?

Oui. Voici.

Sim. Aqui está.

COFRE DO HOTEL
Coffre-fort de L'Hôtel

Je voudrais déposer
Eu gostaria de deixar

mon argent
meu dinheiro
mes bijoux
minhas jóias
mes papiers
meus doumentos

... dans le coffre-fort.
no cofre do hotel.

Bien sûr! Veuillez signer ici, s'il vous plaît.
Claro! Faça a gentileza de assinar aqui, por favor.

VOCABULÁRIO
Vocabulaire

les billets	notas
caisse électronique	caixa eletrônico
le chéquier	talão de cheques
le compte	conta
le compte épargne	caderneta de poupança
la monnaie courante	moeda corrente
le portefeuille	carteira de dinheiro
le reçu	nota fiscal / recibo
rétirer	sacar, retirar
la T. V. A	imposto de venda ao consumidor

CORREIO E CORREIO ELETRÔNICO | Correspondance

ENVIANDO CORRESPONDÊNCIA
Pour envoyer de la correspondance

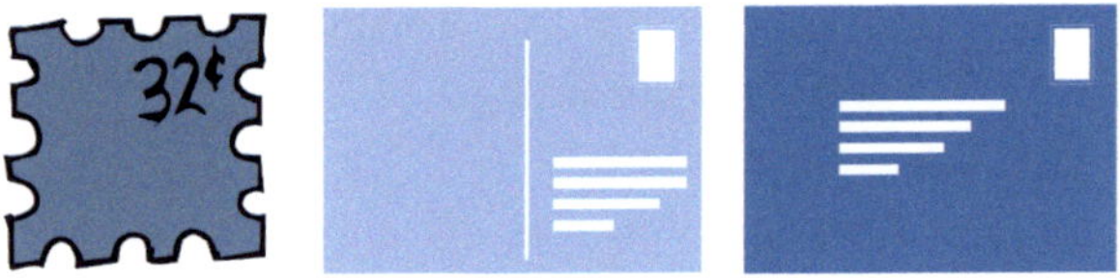

timbre — selo

carte postale — cartão-postal

lettre — carta

Où se trouve le bureau de Poste le plus proche?
Onde fica a agência de correios mais próxima?

Je dois envoyer
Eu tenho que mandar

un télégramme
um telegrama
fax

... au Brésil.
... para o Brasil.

Y a-t-il une boîte aux lettres près d'ici?
Há uma caixa de coleta perto daqui?

RECEBENDO CORRESPONDÊNCIA
Recevant de la correspondence

Y a-t-il de la	**correspondance**	**pour moi?**
Tem	correspondência	para mim?
	du courrier	
	correio	

Est-ce qu'il y a une lettre pour moi?
Chegou alguma carta para mim?

VOCABULÁRIO
Vocabulaire

la boîte aux lettres	caixa de coleta (do correio)
le facteur	carteiro
la queue	fila
recommandé / sous pli recommandé	correspondencia registrada
le comptoir	balcão
l'ordre de paiement	ordem de pagamento
le (s) paquet (s)	pacotes
le guichet	guichê

CORREIO ELETRÔNICO
E-mail

Je peux vous envoyer un message?

Posso lhe enviar uma mensagem?

Quel est votre courriel (addresse électronique)?

Qual é o seu endereço eletrônico?

C'est guiafrances arrobá coldmail point com point bê érr.

É guiafrances@coldmail.com.br

Símbolos
Symboles

@ = aroba* ou "a" commerciale

. = point

/ = barre

~ = tilde

- = tiret

: = deux points

_ = souligné

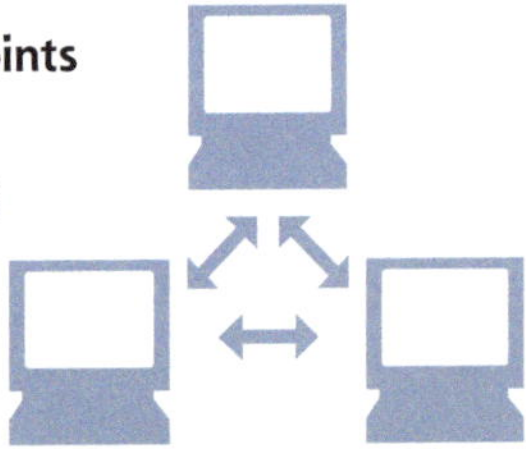

*(pronúncia: "arrobá")

APÊNDICE:
Appendice

l'accent	sotaque
l'aiguille	agulha
les allumettes	fósforos
s'amuser	divertir –se
argent de poche	trocados / mesada
l'argot	gíria
s'assoir	sentar-se
attendre	esperar
avoir besoin	necessitar, precisar de
la bêtise	burrice / bobagem
le bombon	bala
bon marché	barato
le bonheur	felicidade
le briquet	isqueiro
le bureau	escritório
le cadeau	presente
le cendrier	o cinzeiro
la chance	sorte (avoir de la chance = ter sorte)
le chauffage	a calefação / aquecimento
chèr	caro
les cheveux	cabelo
le cigare	charuto
les cigarretes	cigarros
le clochard	mendigo
le copain	amigo (íntimo)
début (au début)	começo
dedans / dehors	dentro / fora
dérranger	incomodar

au-dessous	sob (embaixo)
au-dessus	acima
la dispute (se disputer)	a briga
le dissolvant (pour les ongles)	removedor de esmalte
donc	então
le doute	a dúvida
le drapeau	a bandeira
drôle	engraçado
échanger	trocar uma coisa por outra
encore	ainda
enlever	tirar
les environs	as redondezas (geográfico)
un épingle de sûreté	alfinete de fraldas
l'escalier	escada
faire un prix	dar desconto
le fil	a linha
frisé	crespo
le gâteau	bolo / doce de confeitaria
le gendarme	guarda civil
la grossesse	a gravidez
le hasard (par hasard = por acaso)	coincidência
ici	aqui
interdit	proibido
ivre / saoul	bêbado
j'aime	eu gosto
là bas	lá
le jouet	brinquedo/jogo/instrumento
léger/légère	leve
lisse	liso
lourd / lourde	pesado / a

le malheur	infelicidade
moche	feio
mot /parole	palavra
non plus	também não
ordinateur	computador
les ordures	o lixo
la pelouse	a grama
pendant que / tandis que	enquanto
le petit ami	namorado
la pipe	cachimbo
pleurer (je pleure)	chorar
pleuvoir (il pleut!)	chover
pliant-pliable	dobrável
plus âgé (plus vieux)	mais velho
poche	bolso
la poubelle	lata de lixo
pourtant	todavia / contudo
le régisseur	maestro
le réveil-matin	despertador (relógio)
au rez-de-chaussée	térreo
le rouge à lèvres	batom
royal	real (realeza)
sauf	exceto
signer (la signature)	assinar
le tailleur	alfaiate
du tout	de modo nenhum
(pas du tout = de jeito nenhum)	
tout à fait	inteiramente
(pas tout à fait = não exatamente)	
tout de suite	imediatamente

trop	demais
le trottoir	a calçada
l'usine	a fábrica
le velours	veludo
vite	depressa
le voleur	ladrão

USE NA HORA CERTA!
Employez a l'heure juste!

"On y va?" Vamos? para algum lugar

"Alons y?" Vamos? saindo de algum lugar

"Santé!" Saúde ! para brindar

"Pardon!" Desculpe! Com licença!

"Excusez-moi!" Desculpem-me! pedido de perdão

"Je regrette!" Sinto muito!/Lamento!

"Ça y est?" Pronto? tarefa terminada?

"Je vous en prie!" Respondendo quando nos dizem "merci!", ou pedindo encarecidamente alguma coisa.

"A tout-à-l'heure!" Até logo!

"Au revoir!" Até a vista! adeus

"Bonjour!" Bom dia e Boa tarde saudação usada até as 19:00 horas

"Je n'ai jamais entendu parler!" Nunca ouvi falar!

"Je ne me suis pas rendu compte!"
Não me dei conta! não percebi!

"J'ai beaucoup aimé!" Gostei muito!

"Dépêchez-vous!" / "Dépêche-toi!" Apresse-se!
"N'est-ce pas?" Não é?
"Il n'y a personne" Não tem ninguém!

ABRÉVIATIONS:

M. = Monsieur
Mme = Madame
Melle = Mademoiselle
P.S. = post scriptum
Fr. = francs
R.S.V.P. = respondez s'il vous plaît

VERBOS IMPORTANTES:

Ser	**être**	je suis	eu sou
Estar	**être**	je suis	eu estou
Ter	**avoir**	j'ai	eu tenho
Fazer	**faire**	je fais	eu faço
Querer	**vouloir**	je veux	eu quero
Poder	**pouvoir**	je peux	eu posso
Falar	**parler**	je parle	eu falo
Ir	**aller**	je vais	eu vou
Ver	**voir**	je vois	eu vejo
Dizer	**dire**	je dis	eu digo
Ouvir	**écouter**	j'écoute	eu escuto

Être=été - SER, ESTAR je suis | eu sou, eu estou

GRÁFICA EDITORA
Pallotti
IMAGEM DE QUALIDADE

Porto Alegre - RS
Fone: (51) 3341.0455
Fax: (51) 3341.8775
E-mail: pallotti@pallotti.com.br